Lk 385.

Souvenirs

DE LA

VILLE D'ARDES.

SOUVENIRS
DE LA
VILLE D'ARDES.

Le but de cette Notice servira d'excuse aux erreurs qui auraient pu s'y glisser.

30 CENTIMES,

Au profit de l'église d'Ardes.

CLERMONT-FERRAND,
A la Librairie d'Auguste Veysset,
LITHOGRAPHE ET PAPETIER,
Rue de la Treille, 14.
1856

SOUVENIRS
DE
LA VILLE D'ARDES.

La ville d'Ardes-sur-Couse, sans avoir la prétention de servir d'étape obligée au touriste toujours avide de nouvelles émotions, peut cependant lui offrir dans ses environs des sujets dignes de satisfaire sa curiosité et de fixer un moment son attention. Il est difficile, en effet, de ne pas éprouver un sentiment d'admiration en contemplant cette symétrique rangée de colonnes basaltiques du village des Chosses où la nature se montre comme partout si supérieure à l'art; ce riant vallon, dans la direction d'Ardes à Rentières, qui se couvre de tout le luxe de la plus belle végétation, et ces énormes masses de rochers noircis par le temps qui servent d'encaissement à la rivière de Couse, et dont le sommet n'est accessible qu'aux oiseaux de proie qui confient avec sécurité leurs petits dans les cavités, et les y nourrissent paisiblement du produit de leurs nombreux larcins. Le village de Rentières, situé sur le plan le plus élevé de ce gracieux tableau vient admirablement en compléter le charme et en faire le sujet d'un intéressant paysage.

Près d'Ardes, sur les rives de la Couse s'élève la butte de Mercœur, autrefois Marquel, Mercueil et Mercuer, que l'on voit surpassée de toute la hauteur d'un géant sur un pygmée par le Sarau qui règne sans rival parmi tous les monts d'alentour ; mais Mercœur rachète amplement ce défaut d'élévation par le grand nombre des souvenirs historiques.

C'est à la cime même de cette butte que fut bâtie, vers la fin du neuvième ou au commencement du dixième siècle, la célèbre forteresse des barons, comtes et plus tard ducs de Mercœur, qui remplirent de la gloire de leur nom une grande partie de l'ère féodale, et donnèrent le jour à une des plus nobles figures de cette époque, Saint-Odilon, à la mémoire duquel il nous est doux de consacrer quelques mots au commencement de cette notice, puisque les historiens lui donnent le château de Mercœur, en Auvergne, pour berceau.

Au temps où saint Odilon vint au monde, le grand comté d'Auvergne avait déjà commencé à subir la loi du morcellement féodal ; il s'y était formé trois ou quatre grandes seigneuries, dont les chefs, quoiqu'assujétis à prêter foi et hommage au comte d'Auvergne lui-même, pouvaient devenir à la longue autant de puissances rivales et faire ombrage à son inquiète domination ; de ce nombre était la baronie de Mercœur qui comprenait la ville d'Ardes et une partie de la vallée de l'Allier. L'origine d'Odilon fut donc des plus illustres et devait lui assurer un des rôles les plus brillants dans le monde ; mais que peut l'attrait des grandeurs humaines sur une âme qui sait en apprécier la fragilité et le néant ? Odilon abandonna donc, jeune encore, la fastueuse résidence de ses ancêtres, et se retira, noble transfuge, au monastère de Sauxillanges, fondé peu de temps auparavant par les ducs d'Aquitaine, Guillaume-le-Pieux et Acfred, pour s'y exercer à l'apprentissage des plus sublimes vertus et de la plus haute perfection. Sa réputation de savoir et de sainteté ne tarda pas à franchir l'humble enceinte du monastère auvergnat et à parvenir jusqu'à la célèbre abbaye de Cluny, sa puissante suzeraine, qui le mit à la tête de son gouvernement monastique.

Dans cette haute position, la vie d'Odilon ne fut point seulement bornée au service du cloître. Les papes, les rois de France et les empereurs d'Allemagne l'employèrent avec succès aux affaires les plus importantes de son siècle, preuve irrécusable que nos saints ne furent pas toujours des hommes étrangers au mouvement des choses d'ici-bas, et par là même, des êtres inutiles au reste de la société, comme il plaît à l'ignorance et à la mauvaise foi de le dire ; en les plaçant ainsi en-dehors de toute participation aux affaires de ce monde, et en les reléguant dans une stérile contemplation, il est facile de leur ravir la brillante auréole de tout le bien temporel qu'ils ont fait, de tous les services qu'ils ont rendus à l'humanité ; mais, heureusement, la publicité de l'histoire vient les venger de leurs injustes appréciateurs, et protéger leur mémoire contre les outrages des siècles, en reproduisant les détails si intéressants et les scènes si touchantes de ces vies toutes pleines de dévoûment et de charité.

En ce qui concerne saint Odilon, que l'Auvergne est fière d'offrir à l'admiration de la postérité, on se rappelle avec bonheur qu'en une année de famine, il vendit jusqu'aux vases sacrés et une couronne d'or que l'empereur d'Allemagne, Henri II, avait donné en présent à son monastère, pour pouvoir secourir les indigents qui manquaient de pain. On se souvient également qu'il déploya le plus grand zèle pour atténuer les résultats désastreux des guerres féodales, en faisant recevoir dans plusieurs provinces la Trêve-de-Dieu, cette singulière et sublime transaction de l'Eglise avec les mœurs guerrières du temps; c'est encore à saint Odilon-de-Mercœur que nous sommes redevables de l'institution de la fête du 2 novembre, si pleine de touchants souvenirs pour quiconque conserve encore le sens moral. L'Auvergne, qui l'avait vu naître, le vit aussi mourir. Souvigny, en Bourbonnais, qui dépendait alors du diocèse de Clermont, reçut son dernier soupir en 1048 et eut la consolation de posséder sa sainte dépouille.

Les comtes de Mercœur ne furent point oublieux des pieuses traditions qu'ils avaient reçues d'Odilon, l'ange tutélaire de leur famille. Pour honorer sa mémoire et perpétuer dans leur descendance l'esprit et les goûts de l'illustre défunt, Etienne de Mercœur conduisit son jeune fils au monastère de la Chaise-Dieu, et le recommanda à Durand, qui en était abbé, pour le former à la vie religieuse. Le tenant par la main, dit Dominique Branche, ils entrèrent dans l'église à l'heure où les moines étaient en prières; il le conduisit vêtu de blanc au milieu du chœur, et là, en présence de la communauté rassemblée, de cinq témoins et du père abbé, il enveloppa la main droite de son fils, en même temps que sa demande d'admission et les actes des donations qu'il faisait au monastère dans un pan de l'étoffe qui couvrait le grand-autel et le dévoua ainsi à Dieu, comme devant le servir sous la règle de saint Benoît. Le sire de Mercœur, alors, tête nue, sans armure et sans épée, jura pour son enfant le vœu d'obéissance et de pauvreté.

Non contente d'avoir donné deux de ses membres à

l'état religieux, la famille de Mercœur voulut encore posséder un monastère dans les dépendances de ses vastes domaines. Le lieu choisi pour cela fut Val-honnête ou Féniers, dans la paroisse de Condat, à six lieues environ d'Ardes. Les sires de Mercœur prièrent donc, en 1173, Guillaume, abbé de Bellaigue, de l'ordre de Citeaux, de leur envoyer des religieux pour fonder dans leur châtellenie un monastère de cette obédience. D'après cette demande, une colonie cénobitique partit de Bellaigue et se mit en route pour Féniers où elle fut installée et investie de la seigneurie du lieu ; c'est en vertu de cette investiture et de la tenure du fief de Condat que les abbés de Féniers, lors de leur avènement à l'abbatiat, se rendaient dans la grande salle du château d'Ardes ou de Mercœur, pour y prêter foi et hommage en la forme du droit féodal. Ce monastère s'est soutenu avec éclat jusqu'en 1793. L'église de Dauzat, dans le canton d'Ardes, possède deux belles statues qui avaient appartenu à Féniers.

Après quelques siècles de gloire, cette première maison de Mercœur subit le sort de tout ce qui est périssable. Ses comtes s'éteignirent successivement comme autant de brillants météores qui ont fourni leur carrière et ne doivent plus se lever sur l'horizon. Le dernier en qui finit cette dynastie de comtes fut un connétable de Champagne, mort en 1321. Sa riche succession passa à la famille de Joigny, dont l'unique héritière fut la jeune Alix, qui porta en dot cette immense fortune dans la maison dauphine d'Auvergne, et introduisit, par cette noble alliance, sur la scène d'Ardes et de Mercœur, de nouveaux personnages et de nouveaux maîtres qui y ramenèrent la vie et l'éclat des anciens jours.

Le plus célèbre de ces nouveaux maîtres fut le dauphin Beraud II, dans lequel les juges du mérite chevaleresque reconnaissent un grand maître et un gentil chevalier. Sa vie fut comme celle de la plupart des grands seigneurs de cette époque, partagée entre de bruyants plaisirs et de profondes amertumes. Beraud II figura au nombre des otages donnés par la France à l'Angleterre, pour l'exécution du traité de Brétigny. Sa captivité, sur les bords de la Tamise, dura 13 ans, et lui coûta, au dire de Froissart, plus de 50 mille livres, ce qui était énorme pour le temps.

Aux rigueurs de l'exil et de la captivité succèdèrent les fêtes et les joies de la famille. Un noble enfant de la France, Louis II, duc de Bourbon, qui, comme le dauphin, avait été retenu en otage auprès du roi d'Angleterre, vint épouser à Ardes, en 1371, la fille unique de Beraud II. Ce fut dans cette brillante circonstance que Louis fit paraître ce désintéressement et cette grandeur d'âme qui lui ont mérité les applaudissements de la postérité.

On raconte, en effet, qu'après le festin nuptial, le procureur-général du duc lui présenta, le genou en terre, le registre des déprédations commises sur les terres ducales pendant qu'il était en otage en Angleterre. Le prince, qui avait tout lieu de soupçonner quelques vassaux, alors présents dans l'assemblée, dit à son procureur-général : Chauveau, avez-vous tenu le registre des services qu'ils m'ont rendus? et sur sa réponse négative, il jeta le livre au feu sans vouloir le regarder. Honneur à celui qui, comme Louis, sait fonder la grandeur sur le désintéressement et l'oubli des torts de son semblable!

Louis de Bourbon fut cher à l'Auvergne à plus d'un titre. Quand les routiers, vraies troupes d'aventuriers anglais, firent leurs premières apparitions dans cette province, son dévoûment fut pour elle sans bornes. Il attaqua Robert Chanel, qui tenait trois cents hommes d'armes au château de la Roche-Sannadoire, dans les environs d'Orcival, et parvint à s'emparer de la forteresse après un siège de trois semaines. C'est vers l'an 1381, que l'illustre gendre du dauphin Beraud se signalait par ces prodiges de valeur. Ce qui concourut à rehausser la gloire de ses armes en cette occurence, ce fut de savoir allier la piété à la bravoure, en venant, Scipion chrétien, déposer les trophées de sa victoire aux pieds de l'image vénérée de Notre-Dame-d'Orcival, dans l'auguste sanctuaire qui lui est consacré depuis un grand nombre de siècles.

Après ces nobles exploits, Louis se rendit à Ardes, où il retrouva le dauphin, de qui, disent les historiens, il fut chèrement et noblement festoyé; il en repartit quelques temps après pour d'autres expéditions, au service de la France, et l'Auvergne, qui ne devait plus le revoir, se trouva cruellement délaissée lorsque le plus redoutable chef des routiers, nommé Aimerigot Marchez, vint de son fort d'Alleuse, situé dans le Cantal, attaquer le château de Mercœur avec trente de ses compagnons. Beraud était alors absent, car, c'était l'année où la noblesse d'Auvergne courait en foule à la guerre de Flandre (1382) où duc, comte et dauphin se trouvaient à la bataille de Rosbecque. Tandis qu'ils guerroyaient ainsi au loin, Aimérigot profita de leur absence pour surprendre le château de Mercœur.

La présence des gens attachés au service du vieux manoir aurait, sans doute, suffi pour repousser cette poignée d'aventuriers, mais le nom seul de routier avait répandu une si grande épouvante dans le pays, que le châtelain lui-même, nommé Giraudon Buffiel, préposé par le dauphin à la garde de Mercœur, n'eut rien de plus empressé, au premier bruit qu'il entendit dans la cour, que de prendre un escalier dérobé et d'aller s'enfermer lui et les siens dans la plus forte tour du château, sans chercher à opposer la moindre résistance. L'audace et les rouéries d'Aimerigot, triomphant de l'indicible faiblesse et surtout de la sotte crédulité du châtelain, lui ouvrirent toutes les portes sans coup férir.

L'attaque, ou plutôt l'escalade de Mercœur, eut lieu un soir, à l'aide d'échelles appliquées à ses murs d'enceinte, au moment où les gens du château étaient à souper et à s'entretenir, peut-être, de quelque aventure de routier qu'ils étaient loin de croire si près. Quand la comtesse-dauphine, qui se trouvait alors à Ardes, apprit ce qui venait de se passer à Mercœur, elle envoya prier ce qui restait de gentilshommes dans le voisinage de lui venir en aide. Ecuyers et chevaliers s'empressèrent de répondre à l'appel de la suzeraine et vinrent en nombre suffisant pour assiéger la forteresse. Aimérigot résistait depuis cinq jours, quand la dame de Mercœur se décida à traiter avec lui : le partisan reçut cinq mille francs et regagna son fort d'Alleuse, qui était un vrai repaire de larcins et de brigandages, car le routier, sûr de tout braver du haut de ses redoutables créneaux, se ruait lui et les siens sur les lieux voisins avec une audace sans exemple.

Quoiqu'il en soit, Mercœur ne fut nullement endommagé par cette escalade. Que pouvaient, du reste, l'arbalète, la hâche et l'épée d'une poignée d'aventuriers contre cette masse de maçonnerie qui ne présentait, peut-être, d'ouverture que celles des meurtrières disposées le long des murailles? Le château de Mercœur serait encore debout sans l'ordonnance royale de 1634 qui le condamna à une complète démolition, soixante-quatre ans après sa première érection en duché-pairie, 1570, époque où les sires de Mercœur commencèrent à porter le titre de ducs, qu'ils perdirent à la longue et ne retrouvèrent que sous Louis-Armand de Bourbon, prince de Conti et seigneur de la terre de Mercœur, qui la fit ériger de nouveau en duché-pairie et la posséda jusqu'au moment où elle fut vendue à Louis XV. Ce monarque la donna en apanage au comte d'Artois, par édit du mois d'octobre 1773 et la reprit par un autre édit qui la fit tomber dans le domaine de la couronne.

Mercœur a donc subi toutes les phases de grandeur et de décadence de ses anciens possesseurs, en devenant tour à tour duché-pairie, baronie et simple châtellenie. C'est après toutes ces vissicitudes et ces changements qu'il a été divisé, dans ces derniers temps, entre autant de maîtres que ses parcelles ont trouvé d'acquéreurs.

La butte de Mercœur, en perdant le château qui la couronnait, a, sans doute, perdu ce qui pouvait lui donner de l'importance et de la vie, cependant elle n'est pas devenue pour cela un lieu dépourvu de grâces et d'agrément. Si les beautés de l'art ont disparu, celles de la nature lui sont restées. Son sommet se dore, comme auparavant, des rayons du soleil naissant; ses flancs se couvrent au nord et au couchant d'une vigoureuse plantation de bois taillis, et la rivière de Couse continue de charrier à ses pieds ses eaux et ses rochers.

Le château d'Ardes, placé à l'extrémité septentrionale de la ville actuelle, était, comme celui de Mercœur, fortifié par la main de la nature et des hommes. Flanqué de grosses tours et environné de différents côtés d'une large ceinture de fossés creusés par le cours des eaux, il pouvait impunément braver les efforts des assaillants, eu égard au mode d'attaques pratiquées en ces temps-là; l'aspect du midi avait aussi ses moyens de défense; il était protégé par une double porte solidement ferrée et surmontée d'une espèce de tourelle qui, elle-même, portait un timbre sonore servant de régulateur aux mouvements du château. Malgré ces diverses ressources, qui semblaient devoir lui assurer une longue durée, le château d'Ardes est tombé, comme son aîné de Mercœur, sous le marteau destructeur des hommes. De tout l'appareil formidable qui l'environnait, il ne reste plus que les bases de quelques tours rasées à fleur de terre, image d'une grandeur qui s'est évanouie et rentre de plus en plus dans la poussière. L'une d'entr'elles conserve encore une certaine hauteur ; mais elle s'élève moins menaçante aujourd'hui qu'autrefois ; ses meurtrières et ses crénaux ont été remplacés par une croix, symbole consolateur de l'affranchissement et de la liberté des enfants de Dieu.

A l'endroit qu'occupait le château, on chercherait vainement des traces d'aqueducs ou de tout autre appareil conducteur des eaux. Ces sources jaillissantes, dont la vue recréait ailleurs si délicieusement les visiteurs de ces manoirs féodaux, étaient remplacés à Ardes par les eaux plus calmes d'une modeste citerne aujourd'hui comblée.

Tout est muet dans ces lieux où les Beraud II et les Louis de Bourbon se racontaient avec tant de complaisance l'intéressante histoire de leurs chevaleresques exploits, où les troubadours de la cour de Vodable avaient transporté tout le feu de leur poésie et de leurs chants. Leur silence n'est ordinairement interrompu que par la marche paisible de quelque promeneur solitaire. La demeure de la noblesse, après des siècles d'animation et de gloire, est devenue un lieu désert. Quelle épitaphe de la grandeur !

Au spectacle déjà imposant des ruines d'Ardes vient se joindre celui non moins grandiose des ruines du Fromental et de Mercœur, dont la vue inspire de sérieuses réflexions à l'observateur et le force à méditer ce lamentable refrain des saintes écritures, qui peint si bien les vicissitudes des choses humaines, *tout ici-bas n'est que vanité !*

L'œuvre des siècles est un profond mystère. Que de ruines, que de changements, que de transformations opérées par le temps, surtout quand la main des hommes lui vient en aide, comme à Mercœur et à Ardes, pour détruire plus promptement. Non, non, le temps n'est pas l'agent docile d'une puissance aveugle qui frappe tout indistinctement. Tandis qu'il renverse impitoyablement ces splendides châteaux et leurs orgueilleuses tours, il semble se plaire à respecter, parmi ces nombreux débris de la grandeur humaine, le modeste sanctuaire du patron de la paroisse ; tandis qu'il disperse jusqu'au dernier grain de poussière, de ces nobles dames et de ces hauts et puissants seigneurs, qui n'ont pas même laissé les vestiges d'un tombeau dans les lieux qui les ont vus mourir, ce même temps conserve, à travers les âges les plus reculés, jusqu'à la plus faible parcelle des ossements de nos saints. On peut en appeler aux faits. Ardes n'a plus que quelques débris de maçonnerie pour lui rappeler le souvenir de ses comtes et de ses ducs de Mercœur, tandis qu'il conserve dans son église les ossements vénérés de saint Dizaint et de saint Adrier, ses glorieux patrons. Cette localité nous saura peut-être quelque gré de lui communiquer nos recherches à ce sujet.

Jacques Branche, prieur-mage de Pébrac, qui écrivait en 1651 la vie des saints d'Auvergne, nous apprend qu'un vieil écrit en caractères gothiques, servant à l'office qui se chantait dans l'église d'Ardes, donnait au patron de cette ville le nom de Dicentius Diceint ; le célèbre docteur de Sorbonne, Demochares de Mouchy, le nomme Dizantius Dizant ; nous lisons dans le martyrologe gallican, au 25e jour de juin, saint Disans, évêque de Saintes. Belleforêt l'appelle Dizance.

A travers toutes ces variantes, œuvre inévitable des siècles, un seul nom est resté à notre auguste patron. C'est celui de Dizaint sous lequel il est maintenant connu et honoré à Ardes.

Dizaint vint au monde dans la ville de Saintes, ancienne capitale de la province de Saintonge, dont la métropole diocésaine est aujourd'hui la Rochelle. Il eut pour père Dioscore, et pour mère Marine, personnages aussi distingués par leur piété que par le rang élevé qu'ils occupaient dans le pays. Leurs nobles et saints exemples frappèrent les regards du jeune Dizaint et lui inspirèrent de l'attrait pour la vertu. Ces heureuses dispositions, se fortifiant avec l'âge, déterminèrent sa vocation au service des autels. Le temps qui nous a dérobé les détails de cette vie vraiment sacerdotale, qu'il aurait été si consolant pour nous de connaître, s'est montré moins avare de renseignements sur son épiscopat, que le témoignage des légendaires et des historiens précités nous autorise à placer dans la seconde moitié du cinquième siècle, époque où un pêle-mêle affreux de Goths, de Franks et de Saxons, qui n'avaient de commun entre eux que leur haine contre le catholicisme, parce qu'ils étaient ariens, s'étaient rués sur les églises des Gaules comme autant de sinistres oiseaux de proie et les ravageaient en tous sens.

Celle de Saintes se trouvait en leur pouvoir. Son siège demeurait vacant depuis sept ans, pendant lesquels on avait tenu soixante-douze assemblées, sans pouvoir parvenir à l'élection canonique d'un premier pasteur. Les ariens, qui étaient les plus forts, profitaient de cette supériorité pour empêcher de nommer de nouveaux évêques et persécuter ceux qui l'étaient déjà, témoins, pour ce qui regarde l'Auvergne, notre immortel Sidoine-Apollinaire qui fut relégué dans une forteresse du Midi, saint Quintien de Rodez, et saint Apruncule de Dijon, ses successeurs, qui se virent forcés, pour sauver leurs jours, d'abandonner leurs diocèses et de se retirer dans nos contrées, où commençaient à briller des jours plus calmes et plus sereins.

Quoiqu'il en soit, le siége de Saintes était toujours vacant, lorsque la Providence qui sait, quand il lui plaît, abréger la durée des épreuves d'ici-bas, conduisit Dizaint dans l'église où l'on procédait à l'élection de l'évêque de Saintonge. A peine fut-il entré dans ce temple, disent ses hagiographes, qu'un ange prenant une crosse qui était déposée sur l'autel de la vierge, la présenta au saint prêtre et le fit asseoir sur le trône épiscopal, manifestant ainsi la volonté de Dieu. Le choix du ciel ne pouvait manquer d'être celui de la pieuse assemblée qui s'empressa de proclamer évêque de Saintes le fils de Dioscore et de Marine.

Dès ce moment, l'élu de Dieu et des hommes ne songea qu'à se consacrer avec un entier dévouement au salut de son peuple. Il fit paraître dans sa nouvelle dignité toute la vigilance et l'énergie d'un zélé pontife, toute la sagesse et la gravité d'un illustre docteur. L'éclat de la mitre vint rehausser en lui celui des vertus sacerdotales. L'arianisme, qui continuait encore d'être la grande hérésie du temps, trouva dans l'évêque de Saintes un redoutable adversaire qui l'attaqua en face et s'efforça de la réduire au silence. Mais le zèle de Dizaint fut mal récompensé des hommes : ses éminentes qualités, loin d'être appréciées de ses diocésains, ne servirent qu'à lui attirer de nouvelles persécutions. La violence de ses ennemis fut portée à de tels excès que le gouvernement de son église lui devint impossible.

Dans cet état de choses, qui ne faisaient que s'aggraver de jour en jour, il crut devoir se retirer à Tours pour laisser à la tempête le temps de se calmer. Tours, à raison des nombreux prodiges qui s'opéraient sur le tombeau de saint Martin, le Taumaturge des Gaules, était en ces siècles de foi le refuge des grandes infortunes et des nobles exilés. Pour la plupart des pieux Gallo-Romains, qui ne pouvaient se rendre à Rome, un pèlerinage à Tours soulageait toute douleur et séchait toute larme.

Dizaint établit sa retraite près de l'église que saint Martin de Tours avait fait bâtir en l'honneur du prince des apôtres, et c'est dans cette église, son oratoire ordinaire, qu'une vision soudaine vint un jour frapper ses regards et lui révéler la ruine prochaine de toutes les Gaules.

A la vue de tant de maux, le saint prélat s'empressa de communiquer ses craintes et ses alarmes aux évêques qui se trouvaient réunis à Metz, et se concerta avec eux pour aviser au moyen le plus sûr de conjurer le courroux du ciel. L'avis de l'auguste assemblée fut d'envoyer un juste à Rome demander, par l'intercession des saints apôtres, grâce et miséricorde en faveur des églises des Gaules ; le choix ne pouvait manquer de tomber sur Dizaint qui, de l'aveu de ses vénérables collègues, réunissait à un haut degré toutes les vertus qui constituent la sainteté. Il se mit donc en route pour la ville éternelle afin d'y remplir sa touchante mission. Dieu ne tarda pas à lui témoigner combien cet acte de dévoûment lui était agréable, puisque, au dire des légendaires, son arrivée à Rome fut saluée par le son des cloches qui se mirent d'elles-mêmes en mouvement, et que l'on vit briller sur la capitale du monde chrétien une étoile d'un éclat remarquable, symbole glorieux de l'inaltérable pureté de sa foi.

Dans une de ses ferventes oraisons au tombeau des saints apôtres, Pierre et Paul, il eut un ravissement en esprit, dans lequel il entendit le premier de ces bienheureux lui donner la consolante promesse que Dieu voulait bien se laisser fléchir en faveur de ce peuple pour lequel il suppliait avec tant d'intérêt et de persévérance.

Cette assurance de la part du ciel lui fit comprendre que sa prière était exaucée, et, par là même, son but atteint; il se disposait déjà à rentrer dans les Gaules lorsqu'il tomba entre les mains des Lombards qui avaient fait une invasion en Italie. La Providence qui n'avait jamais abandonné son serviteur, vint le délivrer de cette nouvelle épreuve, en lui permettant de retourner à Metz raconter aux évêques assemblés l'heureux résultat de son voyage, et de repasser de là en Saintonge, pour faire entendre à ses brebis égarées des paroles de miséricorde ou des menaces, mission délicate et pénible que Dizaint s'empressa d'accomplir avec un zèle et une fermeté toute évangélique; mais les Santonnais, sourds alors comme avant à la voix du ciel, s'obstinèrent à demeurer dans leur endurcissement. Le zélé pontife voyant qu'il ne lui restait d'autre ressource que celle des apôtres qui secouaient la poussière de leur chaussure sur les villes ingrates qui refusaient de les recevoir, abandonna pour la dernière fois cette terre maudite, et se retira définitivement à Tours, emportant avec lui les reliques de son église.

Tours, qui avait déjà donné une si généreuse hospitalité à l'illustre fugitif de Saintes, devait être le dernier terme de son pèlerinage ici-bas. Dizaint en reçut la nouvelle lui-même pendant la célébration des saints mystères. Les fidèles instruits de sa fin prochaine se rendirent en foule à sa cellule où ils le contemplèrent élevant les yeux au ciel et recommandant son âme à Dieu. C'est là qu'il s'endormit dans le Seigneur vers la fin du cinquième siècle, ou au plus tard au commencement du sixième. Les prodiges qui avaient éclaté pendant sa vie et à sa mort (prodiges que les bornes étroites de cette notice ne permettent pas de reproduire), rendirent son tombeau célèbre, et firent inscrire son nom dans les dyptiques sacrées, tablettes glorieuses, qui garantissaient à ceux dont elles contenaient les noms une mémoire plus durable et une célébrité plus certaine que n'en promettent à leurs élus nos comptes-rendus académiques et nos pompeuses nécrologies. C'était, du reste, dans ces siècles de foi, le mode usité pour constater la sainteté de ceux qui avaient bien mérité de la religion.

La ville de Tours fut donc la première dépositaire des reliques de saint Dizaint; il paraît même probable qu'elle posséda ce pieux dépôt jusqu'au neuvième siècle, époque où les farouches Normands, vomis par la Baltique sur les côtes de France, ravagèrent dans la Neustrie et pays circonvoisins, les églises, les monastères et les autres lieux consacrés par la religion. On sait que dans ces temps désastreux les gardiens des saintes reliques ne parvenaient à les soustraire à leur sacrilège cupidité qu'en les transférant furtivement loin du théâtre de leurs terribles dévastations, et l'Auvergne, quoique condamnée plus tard à subir l'invasion de ces hordes barbares, devint d'abord, pour ces nobles fugitifs, une terre de refuge. C'est alors que Château-Laudun, aujourd'hui Lezoux, fut enrichi des ossements de saint Taurin, premier évêque d'Evreux; que Clermont reçut ceux de saint Vivence, de Gravio, près Poitiers; qu'Ebreuil, en Bourbonnais, vit arriver, porté sur les épaules des moines de Saint-Maixent, le corps de saint Léger, évêque d'Autun, et c'est aussi vraisemblablement à la même époque que le prêtre Adrier transféra, dans les montagnes d'Ardes, le corps de saint Dizaint. Nous n'affirmons rien, comme on voit, quant à la date de cette translation lointaine, nous allons seulement puiser nos conjectures dans les probabilités historiques les mieux fondées.

Du reste, qu'importe la possession plus ou moins ancienne d'un trésor, quand on possède le trésor lui-même ? Le corps de saint Dizaint fut porté de Tours à Ardes par saint Adrier. C'est un fait confirmé par la tradition constante de cette dernière église, par le témoignage de tous les légendaires qui ont écrit sur ses deux patrons, et par une attestation authentique de Joachim d'Estaing, évêque de Clermont, portant la date de 1623, dans laquelle on lit : *Hic est pars ossium sancti Adrierii qui detulit corpus sancti Dicentii in hunc locum qui vocatur Argidonsis.* Ici est une partie des ossements de saint Adrier qui porta le corps de saint Dizaint dans ce lieu appelé Ardes. Le temps a fait subir à la dénomination d'Ardes, comme à tout le reste, des altérations et des changements. C'est ainsi que Froissart, qui écrivait ses chroniques en l'année 1390, appelle cette localité Sardes, séant sur la rivière; l'Evesque et Vosgien, dans son dictionnaire géographique, Ardres ou Ardes.

Dire maintenant en quel siècle et dans quel lieu des montagnes d'Ardes saint Adrier déposa, en y arrivant, les reliques de saint Dizaint, c'est ce qu'il est impossible de préciser. D'après la tradition du pays, le territoire qu'arrose la fontaine, dite de Saint-Dizaint, dans la direction d'Ardes à Apchat, aurait servi de première station au porteur de ce pieux fardeau. Si l'on réfléchit que les environs de cet endroit étaient autrefois couverts de bois, comme l'indique leur vieille dénomination *Bois de Vaux*, on ne sera pas étonné que saint Adrier ait choisi ce lieu de préférence à tout autre pour y reposer ses membres fatigués et déposer provisoirement la sainte dépouille de son glorieux compagnon de voyage. Ce lieu, par son isolement de toute habitation humaine, la limpidité de sa source et la fraîcheur de ses bois, devait naturellement offrir autant de motifs capables de fixer les pas du noble voyageur. Nous respectons trop ces touchantes traditions pour oser en affaiblir le témoignage ; ce qui vient leur donner un nouveau degré d'authenticité, c'est que, de temps immémorial, on y portait processionnellement les reliques de saint Dizaint, au jour de l'octave de sa fête, ce qui paraît sinon une preuve certaine, du moins une forte probabilité que ces lieux rappelaient quelque pieux souvenir du patron d'Ardes dont nous allons continuer de nous occuper en consacrant quelques mots à l'église qui lui est dédiée et aux chasses qui renferment ses reliques et celles de saint Adrier.

Il y a plus de deux siècles, Jacques Branche s'extasiait devant le luxe et la richesse intérieure de l'église d'Ardes. Mais comme tout va se détériorant, les choses ont étrangement changé depuis, et l'auteur de cette notice a le regret de ne pouvoir faire écho au chroniqueur de Pébrac, pour partager son admiration. Il existe pourtant certains débris de cette antique splendeur que, grâces aux libéralités des habitants, la main de l'artiste pourra rendre à leur premier état. Nous citons entr'autres les élégantes boiseries des Recollets que l'on a stupidement mutilées. Le maître-autel de l'église paroissiale qui n'est remarquable que par la bizarrerie des différents styles qu'on y découvre, remonte à l'année 1634.

Les chasses qui contiennent les reliques de saint Dizaint et de saint Adrier ont été faites à la même époque, ou du moins peu d'années après, puisque J. Branche écrivait ce qui suit en 1651 : « Les chasses de ces deux flambeaux de l'église d'Ardes sont faites de noyer argenté et doré, en chacune desquelles loge un de ces corps saints, élevés bien haut. Aux deux coins du grand autel, avec ces écritures en latin et en lettres gothiques : *Ici sont les os de saint Dizain, évêque de Xaintonge et confesseur;* et en l'autre : *Ici sont les os du bienheureux Adrier, qui porta le corps de saint Dizaint, évêque de Xaintonge, en ce lieu d'Ardes.* » Il est regrettable qu'un badigeon de mauvais goût soit venu cacher sous une épaisse couche de grossière peinture ces inscriptions et cette dorure.

Si l'on veut bien considérer que ces chasses déjà anciennes ont été substituées à d'autres, qui, en 1632, tombaient de vétusté, on pourra se faire une idée du nombre de siècles qui sont venus successivement déposer les vœux et les hommages des habitants d'Ardes aux pieds de leurs saints protecteurs.

« On fait, continue toujours J. Branche, la fête de saint Dizance, le vingt-cinquième juin ; et celle de saint Adrier, le troisième mars ; et le jour de sa translation, le deuxième dimanche d'octobre.... à cause qu'à tel jour son chef fut mis dans une chasse d'argent, élevé et transféré à la sacristie avec plusieurs autres reliques qui sont de grandes considérations. » De ce nombre était une partie de la sainte éponge.

La chasse d'argent dont il est ici question est devenue la proie de sacriléges spéculations pendant la grande révolution ; mais on nous a assuré que la sainte relique qui y était déposée, avait été soustraite aux profanations de ces mauvais jours, et reposait actuellement avec les autres ossements de saint Adrier, dans la chasse qui lui est consacrée. Ainsi, en supposant même la perte de ce chef vénérable, il resterait encore à cette église une portion considérable de la dépouille mortelle du bienheureux Adrier, qui se sanctifia par la pratique des plus sublimes vertus et mourut, suivant la tradition du pays, à Ardes ou dans ses environs. Sa fête se célébrait avec grande pompe le second dimanche d'octobre, jour de la translation de ses reliques, comme nous l'a déjà fait observer J. Branche.

Celle de saint Dizaint, premier patron d'Ardes, est toujours renvoyée pour la solennité extérieure au dimanche qui suit le vingt-cinq juin, quand ce vingt-cinq n'est pas lui-même un jour férié. La descente des chasses est annoncée la veille, dans la soirée, au son des cloches, et suivie des premières vêpres d'un pontife, qui sont chantées en chœur sous le rit d'annuel majeur. Les saintes reliques demeurent exposées quinze jours à la vénération des fidèles, afin que chacun puisse satisfaire sa dévotion à loisir, car saint Dizaint n'est pas seulement le patron de la ville d'Ardes, c'est le saint vénéré du canton.

Ardes possédait anciennement plusieurs établissements religieux, tels que chapitre, communauté de prêtres, couvent de Recollets et prieuré de Bénédictins.

L'origine du chapitre de saint Dizaint remontait à l'an 1421; il eut, d'après Chabrol, pour fondateur, Beraud de Mercœur, qui, évidemment, ne peut être le célèbre dauphin de ce nom, dont il a été question dans cette notice, à moins de lui supposer longévité patriarchale, que rien ne nous autorise à admettre dans le cas présent. Le nombre des chanoines, d'abord fixé à huit, fut porté jusqu'à vingt-quatre en 1481, date que l'on peut regarder comme l'époque la plus prospère et la plus florissante du chapitre d'Ardes; car trois ans après, il n'existait plus comme chapitre; il était supprimé et réduit en communauté par ses fondateurs, du consentement et avec l'approbation du pape Innocent VIII. Nous ignorons les causes de cette transformation subite. Tout ce que nous savons, c'est que les chanoines du chapitre de saint Dizaint furent remplacés par les communalistes.

Ces communalistes étaient des prêtres, originaires du pays, qui, sans être astreints à obéir à un chef et à une règle particulière, étaient pourtant obligés de résider dans la paroisse dont ils étaient nommés filleuls, et qui, à ce titre, affectait à leur usage certains fonds communs, ce qui leur fit donner le nom de communalistes. Ils essayèrent, en 1664, de s'ériger de nouveau en chapitre ; mais un arrêt du 5 octobre 1665 annula leurs prétentions et les força à rentrer en communauté.

Les communalistes d'Ardes, d'après un vieil écrit que nous avons entre mains, partageaient avec le clergé paroissial le privilége d'officier, crosse en main, le jour de la fête de saint Dizaint. Cet usage a cessé d'exister depuis long-temps.

Le corps des bâtiments occupés par les anciens recollets existe encore dans son ensemble ; mais les diverses destinations auxquelles il a été affecté, lui ont fait subir d'étranges modifications. La chapelle, qui est la partie la plus endommagée, attend que des mains charitables viennent la relever de ses ruines et la rendre au service divin. Nous osons espérer, que dans l'intérêt public, une généreuse initiative viendra donner le signal de son rétablissement et replacer dans son sanctuaire l'image de la Vierge qui y était en grande vénération. Les caveaux de cette chapelle sont habités par les derniers recollets que la mort y a fait descendre. La voûte, en briques, qui avait retenti si long-temps de leur pieuse psalmodie et de leurs saintes hymnes, est venue la première mêler ses débris à ceux des religieux, dont la voix, désormais muette, a été remplacée en ces lieux par le silence des ruines et de la destruction. Ce modeste sanctuaire, qui serait d'une si grande utilité pour la localité, s'écroule de toutes parts. Encore quelques années, et le temps achèvera ce que l'insouciance et l'incurie des hommes ont si bien commencé.

Le prieuré des Bénédictins d'Ardes dépendait de l'abbaye de Manglieu, et se trouvait au couchant et proche de l'église actuelle, ou plutôt l'église s'éleva à côté du prieuré ; car tout porte à croire qu'à Ardes, comme en beaucoup d'autres lieux, le couvent précéda l'église. Sa physionomie architecturale, qui la fait remonter au XIIe

siècle, lui donne, avec toutes les fondations bénédictines de cette époque, un tel air de parenté et de famille, qu'il est difficile à l'œil un peu exercé de ne pas reconnaître son origine.

Sa sonnerie se composait anciennement de quatre cloches, portant les noms suivants : Saint-Jean, Saint-Pierre, Saint-Adrier et Saint-Dizaint. Cette dernière, la seule qui reste, ne dut sa conservation pendant la tempête de 93, qu'à l'énergique résistance des habitants, qui, au moment où l'on se disposait à la détacher de son joug pour la briser, apprirent aux auteurs de cette téméraire tentative, qu'on n'insultait pas impunément à la mémoire de leur vénéré patron. Elle porte, avec le millésime de 1727, une invocation à saint Dizaint.

Il existe encore à Ardes un modeste sanctuaire, qui, sans avoir la moindre importance architecturale, n'en est pas moins vénéré de la population : c'est la chapelle de Notre-Dame de la Récluse. Dire quelle est son origine et d'où lui vient son nom, ce sont des questions que j'ai été aussi intéressé que tout autre à résoudre et à débrouiller dans la nuit du passé, et je dois avouer qu'ici le passé est sans voix ; et qu'après bien des recherches, je ne puis hasarder que des conjectures, dont je prends toute la responsabilité : on jugera si elles sont bien ou mal fondées.

Les mots de reclus ou recluse éveillant tout d'abord des idées de retraite et de captivité, et puis un écusson armorié qui sert de clef de voûte à la sacristie, qui fait partie de cette chapelle, indiquant clairement qu'elle est l'œuvre de quelque haut et puissant seigneur du moyen âge, on est naturellement conduit à regarder l'érection de ce petit sanctuaire comme l'accomplissement d'un vœu fait par la comtesse Dauphine à la sainte Vierge, pour lui demander la délivrance et le retour du Dauphin, son époux, qui, comme on sait, fut donné en otage à l'Angleterre, et y subit une captivité de treize ans. Beraud II, dans les forteresses de Londres, était un vrai reclus qui payait son dévoûment à la France aux dépens de sa liberté.

Ne pourrait-on pas encore, si on aime mieux penser, que cette modeste chapelle fut nommée Recluse, à raison de son isolement du château hors de l'enceinte duquel elle se trouvait placée, que c'était là l'oratoire solitaire, où cette pieuse famille allait parfois se recueillir aux pieds de l'image de Marie, dans ces moments solennels où l'âme frappée du néant des choses d'ici-bas éprouve des défaillances profondes et sent le besoin de demander à une religion immortelle des encouragements et des consolations que les jouissances de la terre ne sauraient lui donner. On connaît, du reste, la tendre dévotion de la maison de Mercœur pour la sainte Vierge qu'elle avait déjà établie gardienne du château, en plaçant son image à l'entrée méridionale du vieux manoir, à l'endroit nommé aujourd'hui le portail, vrai forum d'Ardes où se débitent toutes les nouvelles du jour et autres ayant cours.

L'auteur de cette notice a raconté naïvement tout ce qu'il pensait de l'origine de la Recluse, il ne lui reste qu'à laisser à d'autres le mérite de conjectures moins hasardées qu'il accueillera avec empressement.

Ardes était avant 93 un des quinze archiprêtrés qui composaient la grande division du diocèse de Clermont, et comprenait alors, comme aujourd'hui, dans sa circonscription, les églises de Saint-Médard d'Apchat, de Notre-Dame de Rentières, de Saint-Jean-Baptiste du Fromental, etc... dont les titulaires étaient nommés, à Apchat, par le prieur de La Voûte; à Rentières, par l'abbesse de Blesle; au Fromental, par le seigneur du lieu; c'était à Ardes par l'abbé de Manglieu. Le droit de nomination à cette dernière église datait d'une transaction passée en 158, entre la communauté des prêtres d'Ardes et l'abbé de Manglieu, transaction par laquelle ledit abbé, en faisant cession du prieuré dont nous avons déjà parlé, se réserva, outre la nomination à la cure de Saint-Dizaint, la redevance annuelle de cinq deniers tournois portables à Manglieu par un député du corps, et la prestation de foi et hommage en la forme du droit féodal.

Tels sont au point de vue religieux les renseignements que j'ai pu recueillir sur la ville d'Ardes. Je dis au point de vue religieux, car cette courte notice n'étant destinée dans ma pensée qu'à rappeler les bienfaits et la mémoire de ses deux célestes protecteurs, saint Dizaint et saint

Adrier, j'ai dû renoncer à beaucoup de détails qui n'offraient qu'un médiocre intérêt à la piété des fidèles. Peu leur importe en effet de savoir qu'au couchant du village de Bonmorin, sur un rocher isolé, se trouvaient les fourches patibulaires et les gémonies, qu'Ardes était anciennement le chef-lieu d'une cour prévôtale, où l'on rendait de redoutables arrêts, suivis d'atroces exécutions. Il répugnait à ma plume d'en retracer même le souvenir ; elle a trouvé une plus noble jouissance à raconter ce que la tradition et les légendes les mieux accréditées nous ont transmis à travers les âges de piété et de vénération envers nos glorieux patrons. Si j'ai rappelé en quelques mots l'antique splendeur de la maison de Mercœur ; si j'ai évoqué quelques-uns des souvenirs qui se rattachent à ses hauts et puissants seigneurs, c'est moins pour attirer l'attention du lecteur sur une grandeur depuis long-temps évanouie, que pour mettre en lumière la noble et douce figure de saint Odilon, le plus beau titre de gloire de cette famille et des habitants d'Ardes, puisque le plus grand nombre des hagiographes lui donne Mercœur en Auvergne pour berceau.

Imprimé chez Auguste Veysset, à Clermont-Ferrand.

www.ingramcontent.com/pod-product-compliance
Lightning Source LLC
Chambersburg PA
CBHW060608050426
42451CB00011B/2141